AF501067

NOTICE

SUR

ANTOINE PARMENTIER.

ANGERS,
IMPRIMERIE DE COSNIER ET LACHÈSE.

1845.

NOTICE

SUR

ANTOINE PARMENTIER.

La Société d'agriculture, sciences et arts d'Angers ayant accueilli avec bienveillance la lecture de cette Notice, et renvoyé la proposition de souscription à une commission chargée de s'entendre avec le rapporteur de son budget, il ne me reste plus qu'à présenter à mes compatriotes l'appel de la ville de Montdidier.

Voici celui que j'ai reçu :

« Pour les âmes élevées et généreuses, les vrais héros de l'humanité, les hommes qui ont le plus de droits à la vénération et aux hommages des peuples, sont ceux dont l'existence a été consacrée à adoucir leurs misères, et à leur ouvrir de nouvelles sources de bien-être et de prospérité.

» La ville de Montdidier a donné le jour à l'un de ces hommes dont le passage sur la terre est un bienfait de la Providence.

» L'Allemagne et l'Italie ont rendu justice à notre illustre concitoyen ; elles ont traduit dans leurs langues ses nombreux écrits, tous empreints de la philanthropie la plus ardente et la plus généreuse. La France avait laissé la mémoire de ce savant modeste, sans récompense digne de la grandeur de ses travaux et de leur incalculable importance. Mais dans ces dernières années, elle s'est réveillée de cette ingrate léthargie : Montdidier a pris l'initiative en votant une somme de deux mille francs pour l'érection d'une statue en bronze sur l'une de ses places publiques ; le conseil général du département de la Somme a émis le vote d'une somme pareille.

» Une commission départementale de souscription a été formée à Amiens par les soins de M. le Préfet de la Somme, dans le but de recueillir et de centraliser les offrandes.

» De tous les points du royaume chacun voudra concourir à cette œuvre de justice et de gratitude nationales. Au nom du pays entier, nous venons donc faire un appel à toutes les classes de la grande famille française, aux sociétés d'agriculture, aux comices agricoles, aux savants, aux guerriers, aux fonctionnaires de tout rang comme aux simples citoyens, à la richesse comme à la médiocrité; car tous, sans doute, voudront honorer la mémoire de l'homme le plus utile des temps modernes; et alors seront réalisées pour PARMENTIER ces paroles prophétiques de l'infortuné Louis XVI : *La France vous remerciera un jour d'avoir trouvé le pain des pauvres!* »

Voici maintenant l'appel qu'à mon tour je me permets d'adresser à ceux que touchera comme moi le désir de s'associer à cette généreuse sollicitation.

NOTICE

SUR

ANTOINE PARMENTIER,

PAR ALFRED DE FALLOUX,

Lue à la Société d'Agriculture, sciences et arts dans sa séance du 15 novembre 1844.

MESSIEURS,

Le 17 août 1737, naissait en Picardie l'enfant obscur d'une des plus humbles familles de la petite ville de Montdidier : aujourd'hui, cet enfant devenu véritablement homme de bien, sollicite et obtient la sympathie de toutes les générations qui lui ont succédé : un monument s'élève à l'aide de deniers recueillis sans bruit, sans faste, au seul souvenir des travaux et des bienfaits de Parmentier. J'ai pensé que notre Société ne voudrait pas demeurer étrangère à ce mouvement de sympathie, et je lui demande du moins la permission d'en faire passer les titres sous ses yeux.

Antoine-Auguste Parmentier fut privé dès ses plus jeunes années de la direction et de l'appui paternels. Sa mère, femme d'un grand sens et de beaucoup d'instruction, envisageant avec fermeté l'avenir précaire de sa famille, redoubla de sollicitude envers son fils. Toutes ses vues, toutes ses économies furent consacrées à son éducation. Un ecclésiastique voisin, touché de ces efforts, s'y associa, et l'heureux naturel du jeune Parmentier, développé sous cette double influence de la sollicitude maternelle et de la sollicitude religieuse, contracta dès lors ce caractère ineffaçable de bonté et de dévouement qui devait marquer le reste de sa carrière.

M. Simonet, l'un des pharmaciens les plus honorables de Paris, voulut ensuite associer son parent à son art et à sa fortune. Dès que le jeune Parmentier eut achevé ses études classiques et un stage d'un an dans la meilleure officine de Montdidier, il accepta les offres de M. Simonet, et se mit en mesure d'en profiter.

Dix-huit ans, et une première apparition dans la capitale, offriront, dans tous les temps, un écueil formidable pour les plus sages résolutions. On peut deviner quelles angoisses se mêlèrent aux adieux de la tendre mère et du pieux instituteur. Parmentier comprit que l'âge appelé ordinairement avec complaisance, l'âge des folies, doit être au contraire l'époque d'une laborieuse préparation aux jouissances de l'âge mûr, comme le printemps est souvent la saison qui décide de la richesse de l'été et de l'abondance de l'automne. Aucun des détails pénibles de sa profession ne le rebuta. Aucune séduction ne l'entraîna hors de son laboratoire, et à vingt ans, il recevait le grade d'officier de santé pharmacien.

C'était en l'année 1757. Cette année est mémorable dans notre histoire; elle fut importante dans la carrière de Parmentier. Il est donc impossible de ne s'y pas arrêter un instant, tout en évitant le plus soigneusement possible, des proportions historiques que la modestie de notre sujet ne comporte pas.

La minorité et le règne de Louis XV furent l'époque la plus funeste et au véritable intérêt de la monarchie et au véritable génie de la nation française. Jusqu'alors, et à travers des vicissitudes diverses, l'un et l'autre s'étaient toujours combinés pour la gloire commune, la royauté accomplissant sa fonction de faire prévaloir par-dessus tous les obstacles intérieurs ou extérieurs, l'unité et la nationalité française; le peuple maintenant avec une persistance presque toujours triomphante ses traditions de propre dignité : en sorte que la royauté et la nation, unies par les liens les plus étroits, demeurèrent le type et l'avant-garde de la civilisation européenne. Louis XIV, portant jusqu'à son extrême limite l'une des deux conditions de notre vitalité, léguait à son successeur une responsabilité qui ne peut se comparer à aucune autre, peut-être, dans les fastes d'aucune maison souveraine. Le régent, dont j'omets ici volontairement de faire la part, et Louis XV, ne comprirent pas leur mission; l'esprit français ne méconnut pas moins la sienne. La royauté, la cour et la philosophie se rencontrèrent dans une commune dérogation de devoirs avant de se séparer pour une commune expiation. Toutefois, ces grands rouages de notre ancienne splendeur ne s'arrêtèrent pas tout à coup, et le XVIIIe siècle, dont nous avons à peine franchi la première moitié, conservait encore quelque fidélité à ses devanciers.

La guerre s'était faite brillamment en Allemagne : la paix conclue à Vienne, en 1735, avait assuré à la France les duchés de Lorraine et de Bar : la maison de Bourbon, inattaquable en Espagne, s'agrandissait et se consolidait en Italie; Avignon et la Corse allaient bientôt compléter cette agglomération de territoire qui compensa du moins en avantages matériels tout ce que nous devions perdre sous le ministère d'Aiguillon, en prépondérance politique et morale. L'amour de la science et des lettres se révélait encore de distance en distance par de durables monuments. L'Ecole militaire était instituée à côté de l'Hôtel des Invalides. Le Jardin des Plantes, fondé par Louis XIII, était restauré par Louis XV, et passait, de la direction exclusive du premier médecin de la cour, dans le splendide domaine du ministère de la maison du roi. Les écoles de sculpture et de peinture recevaient en 1740 le premier encouragement d'une exposition publique au

Louvre. Les fabriques de Sèvres se voyaient élever au rang des manufactures royales. Cassini dressait ses admirables cartes topographiques. Enfin le roi achetait sur sa cassette, du chirurgien Brassart, le secret de l'agaric de chêne, auquel la nature donne la propriété d'arrêter, sans ligature, les hémorrhagies, et rendait ainsi à la chirurgie militaire un service dont l'humanité devra demeurer éternellement reconnaissante.

Vous voyez, Messieurs, que je ne me suis pas trop écarté de mon sujet, et que nous voici revenus tout naturellement de Versailles, dans le réduit de notre jeune officier de santé. Ces encouragements, tombés directement sur sa science favorite, ne le stimulèrent pas seuls : le patriotisme prit aussi un noble rôle dans ses préoccupations.

Dire que la France se maintenait encore dans ses antiques voies de prospérité et d'accroissement, c'est dire du même coup que son émule, l'Angleterre, épiait l'occasion favorable de l'en faire descendre. Le démêlé éclata en 1756 pour la possession lointaine de quelques terrains incultes dans l'Acadie : contestation en apparence insignifiante, derrière laquelle l'Angleterre déguisait mal la convoitise du Canada, et l'hostilité permanente à notre agrandissement colonial. Le 9 juin, Louis XV déclara la guerre à Georges II, et publia un manifeste dans lequel sont relevées les déprédations anglaises sur nos possessions américaines. Le maréchal de Richelieu part des îles d'Hyères avec douze mille hommes embarqués sur une escadre de douze vaisseaux de ligne, commandée par un amiral angevin, dont un descendant présidait les derniers Etats de la noblesse à Angers, M. de la Galissonnière.

L'Electorat de Hanôvre était devenu depuis la révolution de 1688 un des points vulnérables de la puissance anglaise; en même temps que le maréchal de Richelieu s'emparait de Port-Mahon, et que M. de la Galissonnière battait l'escadre anglaise sous les ordres de l'amiral Bing, une expédition continentale, sous le commandement du maréchal d'Estrées, força le duc de Cumberland à capituler sous les murs de Closter-Seven. C'est à cette campagne, connue sous le nom d'expédition de Hanôvre, que s'adjoignit avec enthousiasme Parmentier, âgé de vingt ans. Il s'attacha aux hôpitaux de l'armée. Son activité, son intelligence, son ardeur pour les devoirs de son état, attirèrent l'attention de plusieurs officiers et de Bayen, chef du service des ambulances. Cette première amitié lui valut la bienveillance de Chamousset, intendant général des hospices militaires. Parmentier devint promptement pharmacien en second du corps expéditionnaire de Hanôvre. Une épidémie ravagea l'armée, et révéla en lui, par d'admirables traits, cet ardent amour de l'humanité qui allait former désormais sa vertu distinctive. Cinq fois il tomba entre les mains de l'ennemi, et cinq fois il rentra dans le camp où le rappelaient l'utilité publique et le cri du soldat. Ces intervalles d'inaction forcée n'étaient point perdus pour l'étude. La chimie était florissante dans les académies allemandes. Parmentier s'y adonna sous la direction de Meyer, célèbre chimiste de Francfort-sur-le-Mein. Bientôt ce savant s'attacha à lui comme à un compatriote, parce qu'il lui reconnut les qualités de l'âme qui n'ont point de patrie : Meyer offrit à Parmentier de devenir son successeur et son gendre. C'était lui tendre, d'une main, le bonheur de l'union la mieux assortie, et de l'autre, l'héritage d'une considération et d'une fortune justement acquises. Mais la condition de ces biens était de renoncer à la France, et la patrie parla plus haut que toutes les séductions réunies.

Le même sacrifice fut renouvelé plus tard et en d'autres circonstances, lorsque d'Alembert voulut le désigner au roi de Prusse pour remplacer Margraff. C'était l'époque où les plus beaux esprits de Paris avaient mis à la mode d'immoler sans pudeur la fierté française à la vanité d'un monarque prussien et d'une impératrice de Russie.

Parmentier donna, dans sa modestie, à ses illustres contemporains, une leçon dont nous devons d'autant plus le féliciter aujourd'hui, que les hommes qui dispensaient alors la renommée, ne songeaient pas à lui en faire un mérite. Il refusa donc le traitement royal de Berlin, comme les propositions amicales de Francfort, et se mit à suivre assidûment les cours de l'abbé Nollet, de Rouelle et de Jussieu.

Jusqu'ici, Parmentier n'a pas à se plaindre de la justice rendue à ses services : il devint sous le règne de Louis XVI l'objet d'une faveur plus marquée. Le poste de pharmacien-major de l'Hôtel des Invalides lui fut confié. Mais le fondateur de cette maison, Louis XIV, avait assuré le privilége de l'infirmerie aux sœurs de la Charité ; elles étaient en possession de leurs droits dès l'origine du royal établissement, et dans un conflit élevé entr'elles et Parmentier, la volonté de Louis XVI s'inclina respectueusement devant celle de son aïeul. Ne voulant pas souffrir, cependant, que son protégé fût pour cela privé de la récompense qui lui avait été destinée, il lui conserva son logement dans la maison, et y joignit un traitement particulier de 1,200 livres (1).

C'est à cette apparente sinécure que nous devons enfin la véritable vocation de Parmentier, maître de se livrer pleinement aux suggestions de sa généreuse nature.

L'académie de Besançon venait de proposer pour sujet de prix, la recherche des substances alimentaires propres à atténuer les calamités d'une disette. Parmentier s'empara de cette question, remporta le prix, et, une fois sur cette trace, ne la quitta plus. A force de recherches et d'études, il en vint à proclamer la supériorité des pommes de terre sur tous les végétaux analogues.

Cette plante si féconde, transplantée du Pérou en Europe dès le XVe siècle, cultivée à grands frais en Italie dans le cours du XVIe, introduite en France à

(1) *Notice sur Parmentier*, par M. Emile Mouchon, pharmacien.

travers la Flandre par Charles de l'Ecluse, disent certains historiens, par un missionnaire jésuite, disent les autres, y végéta longtemps presqu'ignorée. Olivier de Serres, dont vous m'avez permis de vous présenter déjà la biographie, ne laissa point échapper cette découverte sans lui prêter attention; toutefois, il avait assez à faire de planter les mûriers d'Henri IV aux Tuileries (1). Turgot, durant ses fonctions d'intendant de province, favorisa la culture de la pomme de terre qui prit quelque développement dans le Limousin et dans l'Anjou (2). Mais l'homme qui sut en deviner toutes les propriétés, et qui une fois possesseur d'une découverte profondément utile, se dévoua sans relâche à sa propagation, cet homme fut Parmentier.

Dans le XVIe siècle, on avait répandu le bruit que la pomme de terre engendrait la lèpre. Cette maladie ayant disparu, le XVIIIe siècle se contenta de lui attribuer le don de la fièvre. Turgot, devenu contrôleur général, opposa aux préjugés accrédités une réfutation émanée de l'Ecole de médecine : Parmentier résolut de recourir à une autre école non moins recommandable, celle de l'expérience; et il entreprit de placer sous l'œil même de la population parisienne, comme

(1) V. *Cours complet d'agriculture*, sur le plan de l'ancien Dictionnaire de l'abbé Rozier, sous la direction de M. le baron de Morogues, pair de France, et de M. Vivien. Art. *Pommes de terre*, t. XVIe. Nous plaçons, pour l'intelligence de ce passage, la Notice sur Olivier de Serres à la suite de la Notice sur Parmentier.

(2) *Biographie universelle*. Art. Parmentier.

en observation devant la France entière, le nouveau mode d'agriculture. Les passions sont ingénieuses, et Parmentier était dévoré par l'une des plus nobles qui puissent dominer l'imagination humaine : la passion du bien public. Il n'y eut donc sorte de moyens qu'il ne mît en usage pour éveiller l'examen des corps savants ou des simples particuliers. Invitant chez lui plusieurs des notables habitants de Paris, choisis dans toutes les classes éclairées, il leur servait des repas où, depuis le pain jusqu'au café, tout était uniquement composé des produits de la pomme de terre (*Maison rustique du* XIXe *siècle*, p. 425). Ensuite, il voulut produire ses échantillons plus en grand. La plaine des Sablons, à la porte de Paris, semblait condamnée à une stérilité absolue, et c'est là que Parmentier se serait plu à tenter ses épreuves. Il lui fallait un protecteur assez intelligent pour le comprendre, assez puissant pour le seconder : il le trouva. Il fallait en outre que ce protecteur consentît à braver les railleries de l'incrédulité toujours si prompte à déconcerter, à déjouer la candeur de l'homme de bien. Ce protecteur promet d'affronter le gros rire des badauds de la capitale et la dédaigneuse ironie des courtisans de Versailles; il pousse la hardiesse jusqu'à recevoir un bouquet des fleurs nouvellement écloses, et à les porter à sa boutonnière durant un jour, en présence de toute la cour assemblée. Ce courageux protecteur, on le sait, c'était le roi lui-même, qui, non content de cette démonstration significative, avait livré cinquante arpents de la plaine des Sablons aux mains de Parmentier transporté de joie, de confiance et de gratitude; et, à partir de ce jour, la tige qui reposa sur le cœur de Louis XVI, n'a cessé de germer et de fleurir pour le bien-être du peuple.

Les plus opiniâtres adversaires de la nouvelle solanée contemplèrent par eux-mêmes la merveilleuse abondance, la variété et la salubrité de ses produits. En même temps, Parmentier composa et répandit en nombreuses éditions, d'un bout de la France à l'autre, un examen chimique de la pomme de terre. Il démontra que l'homme y pouvait puiser une substance délicate, tandis que les animaux y trouvaient une alimentation économique. Il démontra en même temps que, loin d'appauvrir le sol comme on l'en avait accusée, elle triomphait au contraire des terrains les plus ingrats, et détruisait à jamais l'odieuse spéculation des accapareurs de grains qui avaient affamé et ensanglanté les environs de Paris dans les premières années du règne de Louis XVI. L'expérience de la plaine des Sablons fut répétée dans la plaine de Grenelle : les principaux propriétaires de France sollicitèrent des semences pour leur domaine, et les provinces s'en enrichirent bientôt à l'envi. Le pays qui le premier avait doté l'Europe de ce trésor inconnu, l'Amérique, avait peine à reconnaître son propre fruit, dont les propriétés semblaient se multiplier chaque jour comme autant de découvertes nouvelles. Franklin vint aux Invalides demander à Parmentier la liste de ses espèces qu'il remporta avec orgueil dans la mère-patrie, et ce fut en présence de l'ambassadeur de Washington, que l'heureux novateur français réalisa pour la première fois l'admirable procédé, à l'aide duquel se combinent ensemble la pulpe et l'amidon de la pomme de terre pour la confection d'un pain savoureux, et qui se reproduit tous les jours dans l'une de nos pâtisseries les plus goûtées, le biscuit de Savoie.

Grâce à tant d'efforts et de persévérance, la pomme de terre fut classée enfin sans contestation parmi nos richesses agricoles. S'élevant jusques dans la sphère de la politique par son introduction dans les plus hautes questions de l'approvisionnement public; plaçant les populations à l'abri des horreurs de la famine en cas de guerre ou de disette, se prêtant à tous les raffinements de la table du riche, elle pourvoit en même temps aux besoins des classes laborieuses et des plus humbles ménages. On peut oublier aujourd'hui, par suite de progrès nouveaux dans la science, que Parmentier savait tirer, même des liqueurs fines de cette racine prodigieuse; mais on se souviendra toujours qu'il a doté le peuple d'une plante qui peut nourrir la famille de l'artisan, engraisser le bétail nécessaire à la réparation de ses forces, et offrir en outre, dans sa fleur, un butin succulent au confiseur du pauvre, l'abeille.

Voyant déjà son succès dépasser ses prévisions et ses espérances, Parmentier poursuivit avec un zèle infatigable le cours de ses études populaires. En 1784, l'académie de Bordeaux engagea Parmentier à entreprendre un travail complet sur le maïs, et lui décerna le prix. Dans un autre ouvrage, il épuisa toutes les notions qui concernent la châtaigne. L'année 1785 ayant été remarquable par la mortalité des bestiaux, le gouvernement s'occupa de l'amélioration des fourrages, et fit rédiger pour les autorités compétentes de chaque province, des instructions dont la plupart furent dues à la science et à la plume de Parmentier. Tous ses principes enfin furent résumés en plusieurs volumes d'application spéciale, tels que : — le Parfait boulanger; — Récréations physiques et chimiques, traduites de l'allemand; — Avis aux bonnes ménagères des villes et des campagnes; — Dissertation sur la nature des eaux de la Seine; — Précis d'expériences et d'observations sur les différentes espèces de lait; — Mémoire sur le sang. — Code pharmaceutique, etc. Et tous ces ouvrages peuvent être considérés comme des traités approfondis sur chacune des matières qu'ils embrassent.

89 sonna. C'était l'heure de l'échéance pour toutes les questions faussées ou ajournées depuis le commencement du siècle. La monarchie y fut représentée par le plus pur des descendants de saint Louis : le peuple ne manqua pas d'éloquents interprètes; mais bientôt le mouvement dévia de son impulsion première. L'impartialité qui juge, la modération qui édifie, firent place à la fureur qui se venge et qui détruit, et l'un des témoignages les plus frappants de la distance qui

sépare les terroristes de ce peuple même dont ils se prétendaient la vivante réhabilitation, c'est qu'un ami sincère et éprouvé de l'humanité était obligé de fuir devant eux. Parmentier eut peine à le comprendre. Il n'avait jamais voulu, préconisé et pratiqué que le bien général dans la plus légitime acception de ce mot; aucun préjugé de caste ou de parti ne pouvait l'atteindre : il fallut plus que l'évidence pour l'avertir du péril, et le déterminer à prendre quelques précautions de salut.

La bienveillance de Louis XVI envers Parmentier, qu'on aurait pu invoquer comme une sauve-garde pour tous les deux, ne servit point d'avocat au prince, et rendit le sujet suspect. Lavoisier et vingt-huit de ses collègues venaient d'être condamnés (il est inutile de dire à quelle peine, on n'en connaissait qu'une alors.) Lavoisier avait demandé quelques jours de sursis pour terminer paisiblement des expériences sur la transpiration et la respiration humaines. Tout délai fut refusé. Quant à Parmentier, on lui enleva sa modeste pension; on lui retira son logement : comprenant alors sa propre situation, il céda aux instances de ses amis, et se réfugia en lieu de sûreté (1).

Quand les décrets de la Providence furent accomplis, Bonaparte apparut, manifestant d'avance sa vocation impériale par son habile discernement des

(1) Portraits et histoire des hommes utiles. Annuaire pour 1833 et 1834.

hommes. Ce n'était plus à la persécution que Parmentier dut se dérober. Le gouvernement consulaire l'appela à la présidence du conseil de salubrité du département de la Seine. L'Institut lui ouvrit ses portes. François de Neufchâteau fit donner à la plante favorite le nom de Parmentière. Après la paix d'Amiens, mission lui fut donnée, de concert avec M. Huzard, de se rendre en Angleterre pour y renouer les communications scientifiques entre les deux pays. Les hostilités n'ayant été qu'un instant conjurées, le blocus continental suggéra de nombreuses expériences dont le but était de suppléer par les produits indigènes aux denrées coloniales. Parmentier, répondant à l'appel direct de l'empereur. chercha dans la vigne un suc cristallisable, et, de concert avec Chaptal, établit dans le Midi de la France de nombreuses fabriques de sirop de raisin, dont les classes pauvres firent une abondante consommation jusqu'à l'apparition du sucre de betterave.

Enfin l'âge vint paralyser ses forces sans amoindrir son zèle. — Je voudrais, répétait-il souvent aux amis et aux disciples qui entouraient sa vieillesse, je voudrais du moins faire encore l'office de la pierre à aiguiser, qui ne sert pas, mais qui dispose l'acier à servir.

Ces premières pensées de la mort, ces premiers avertissements de la fin de toute chose, me font apercevoir que, dans l'analyse des travaux du savant, l'homme privé a été tout à fait mis à l'écart. Lui-même semble nous avoir commandé cette omission, tant il fut soigneux à s'effacer et à s'oublier pour le service public. L'amour désintéressé de ses semblables, et la poursuite de ses vues philanthropiques, occupèrent dans son âme la place des plus douces affections de la famille. Il vécut et mourut célibataire. Une sœur, dont l'existence fut presque constamment confondue avec la sienne, lui fit connaître la douceur des épanchements intimes, et il reporta sur ses deux neveux la tendresse et l'orgueil paternels. La brusquerie de ses manières contrastait avec la bienveillance de son caractère aux yeux des gens qui ne savent pas lire, au premier aspect, la droiture et souvent même la délicatesse des sentiments dans la franchise des expressions. En tout cas, si quelques personnes l'appelèrent *bourru*, chacune d'elles se hâta d'y joindre l'indispensable épithète de *bienfaisant.* La mort de sa sœur chérie, qui attrista ses dernières années, révéla la profondeur de sa sensibilité, et prouva, une fois de plus, que le cœur, qui s'est placé sous l'inspiration de la charité, se prodigue comme elle, sans jamais s'épuiser.

Parmentier s'éteignit doucement le 17 décembre 1813 dans sa soixante-seizième année.

Ses nombreux écrits lui ont survécu, et occupent une place importante dans la bibliothèque du chimiste et de l'agronome. Néanmoins, il ne peut prétendre, en qualité d'écrivain, à une appréciation détaillée. Ses ouvrages manquent de style, et le côté littéraire de sa physionomie demeure ce qu'il était dans la réalité, dominé par le côté pratique et populaire.

C'est aussi ce mérite que ses compatriotes ont voulu surtout honorer en lui, et c'est à ce titre que Montdidier peut convoquer à l'inauguration de son monument toutes les villes de France. Au moment où notre sol se pare avec une louable émulation des gloires anciennes ou récentes, Parmentier ne peut rester dans l'ombre et l'oubli.

A ceux qui sont tentés de se plaindre de la multiplicité de ces ovations nationales, nous rappellerons qu'entre le berceau et la tombe de Parmentier, une incalculable révolution s'est opérée. La suprême puissance s'est déplacée. Au lieu de la déléguer comme autrefois avec enthousiasme, nous l'exerçons nous-même avec méfiance. N'oublions donc pas que l'un des plus précieux attributs du sceptre était le droit exclusif de décerner les récompenses au génie et au dévouement. Souveraineté oblige : souvenons-nous de la nôtre, surtout, lorsqu'il s'agit de proclamer le mérite modeste, consciencieux et utile. Dans l'état actuel de nos mœurs, tout ce qui touche au domaine de la reconnaissance ou de l'ingratitude publique, acquiert une incontestable gravité. C'est le département de la justice, dans le partage des ministères de l'opinion. Attribuer aux nobles actions leur place, aux nobles sentiments leur prix, refouler les mauvaises passions ou les basses conseillères, assurer enfin aux grands exemples la consécration, la popularité et la durée, voilà qui est véritablement régner, régner avec toute la majesté et toute la responsabilité de ce mot. Ce n'est pas ce fleuron de notre couronne pacifique, j'en suis convaincu, Messieurs, que votre générosité puisse abdiquer jamais.

NOTICE

SUR OLIVIER DE SERRES,

PAR ALFRED DE FALLOUX,

LUE A LA SOCIÉTÉ D'AGRICULTURE, SCIENCES ET ARTS D'ANGERS, DANS SA SÉANCE DU 3 FÉVRIER 1842, ET INSÉRÉE DANS SES ANNALES.

Les livres d'agriculture sont-ils utiles ou nuisibles à cet art qui se compose surtout de pratique, et qui ne s'acquiert que par la fréquentation assidue des cultivateurs de profession? Cet art, guidé du fond d'un cabinet par des hommes de théorie, et, par conséquent, d'imagination, ne court-il pas le risque de s'égarer à leur suite, et d'amener des résultats diamétralement opposés à son but, c'est-à-dire des déceptions pour produit net, et la ruine, au lieu de l'amélioration des terres et des fortunes? C'est là une question, Messieurs, souvent et vivement controversée; c'est un débat que, pour mon compte, je me garderai bien de renouveler aujourd'hui, estimant que vous l'avez tranché dans le sens le plus conciliant, puisque vous réunissez dans la même association l'agriculture, la science et les arts, puisque vous invitez à un mutuel secours, à une émulation réciproque ces trois grandes branches de l'intelligence humaine, qui ne sont jamais plus puissantes que quand elles se serrent en faisceau. Je ne crois donc pas, non plus, m'écarter de l'objet habituel de vos études, en vous rappelant le souvenir d'un homme qui portait en lui-même cette triple alliance, qui la refléta toute sa vie, qui lui imprima la consécration des succès les plus positifs et les plus nationaux; en vous entretenant d'Olivier de Serres, qui fut à la fois notre premier agronome et notre premier publiciste en agriculture, qui fut un savant très ingénieux dans l'application de ses études, et un écrivain très éloquent des intérêts les plus journaliers de la vie champêtre.

Olivier de Serres, seigneur du Pradel, naquit dans le Vivarais, à Villeneuve-de-Berg, en l'année 1539.

La modestie, qui enveloppe d'ordinaire les existences comme la sienne, nous a dérobé beaucoup de détails personnels qui auraient actuellement un grand prix, et il ne se révèle guère à l'attention de ses contemporains qu'au moment où lui-même, en publiant son célèbre *Théâtre d'agriculture*, appela les regards du public sur ses longues et laborieuses expériences.

On sait cependant que sa famille était considérable et son revenu au-dessus du médiocre. Toutes les carrières s'ouvraient donc devant lui; et, en n'en choisissant aucune, ou plutôt, en choisissant avec amour celle de paisible et bienfaisant campagnard, il donnait déjà la mesure de ce qu'on devait espérer de lui. Ses penchants s'annonçaient, comme s'annonce toute vocation sincère, par le désintéressement, par l'absence d'ambition, par l'éloignement des brigues ou cabales mondaines. Il sortit peu de sa maison, et jamais de son caractère qu'il traduit lui-même ainsi dans sa préface : « Mon inclination et l'estat de mes affaires m'ont retenu aux champs et faict passer une bonne partie de mes meilleurs ans, durant les guerres civiles de ce royaume, cultivant la terre par mes serviteurs, comme le temps l'a pu porter. Durant ce misérable temps-là, à quoi eussé-je peu mieux employer mon esprit qu'à rechercher ce qui est de mon humeur? En quoi, Dieu m'a tellement béni par sa sainte grâce, que, m'ayant conservé parmi tant de calamités, dont j'ai senti ma bonne part, je me suis tellement comporté parmi les diverses humeurs de ma patrie, que ma maison ayant été plus logis de paix que de guerre, j'ai emporté ce tesmoignage de mes voisins, qu'en me conservant avec eux, je me suis principalement adonné chés moi à faire mon ménage. »

Il est certain pourtant qu'il adopta le parti des réformés, et on l'accusa d'avoir pris une part active et presque sanguinaire dans une expédition qui se passait aux environs de Pradel; mais les accusations sont dénuées de preuves, et l'apologie contraire, soutenue par ses admirateurs, nous paraît infiniment plus probable. Rapportons-nous-en donc à ces derniers et à lui; détournons nos regards des cruelles factions de cette époque, et continuons à ne considérer, dans le vieux donjon du Pradel, qu'une ferme-modèle au XVIe siècle.

Tant que durèrent les règnes orageux de Charles IX et d'Henri III, Olivier de Serres se renferma dans son domaine et prépara silencieusement des consolations et des richesses nouvelles à la France. Heureuse précaution qui coïncida, par un merveilleux enchaînement, avec l'avénement d'Henri IV.

Ce fut, Messieurs, une glorieuse et singulière destinée que celle d'Henri IV : promoteur ardent des premières guerres civiles, il lui fut donné d'en guérir toutes les plaies; guerrier et capitaine intrépide, il donna l'impulsion à toutes les prospérités de la paix; grand politique, il fut aussi grand administrateur, et, en cette dernière qualité, fixa son œil pénétrant sur l'état de l'agriculture. C'était faire déjà beaucoup pour elle que d'appeler Sully aux affaires; mais Henri IV n'était pas homme à s'en tenir là. Le prince qui ne serait qu'un grand roi, peut se reposer sur d'habiles auxiliaires habilement choisis; Henri IV était plus qu'un grand roi, c'était un grand homme. Il ne se reposa point sur le trône; et, comme il avait travaillé pour y monter, il travailla pour la dignité de sa couronne, pour la restauration du pays, pour la richesse du peuple, pour le développement à la fois de tous les éléments de grandeur publique.

Vous devinez donc, Messieurs, qu'entre le roi populaire et le paternel agriculteur, il devait y avoir rencontre : elle eut lieu, en effet, et ce fut d'Henri IV que vinrent les premiers pas.

En l'année 1600, Olivier de Serres se trouvait au Pradel, selon sa coutume; il venait de créer des prairies auxquelles, le premier, il donna le nom d'artificielles; il avait achevé des bâtiments spacieux où l'on allait, d'un bout de la province à l'autre, « admirer les ménagements du colombier, du poulailler, du rucher et du jardinage. » Il menait enfin cette vie de père de famille qu'il définit ainsi : « Bien connoistre et choisir les terres pour les acquérir et employer selon leur naturel, approprier l'habitation et ordonner de la conduite de ses gens. » Henri IV se trouvait à Grenoble pour y préparer une campagne contre le duc de Savoie; les hommes-d'armes l'entouraient; Sully avait pourvu avec résignation aux dépenses de l'armée qui allait franchir la frontière. C'est le moment qu'Henri choisit pour envoyer à Olivier de Serres un billet écrit de sa main et ainsi conçu :

« Monsieur du Pradel, vous entendrez par le sieur de Bordeaux, par les mains duquel vous recevrez la présente, l'occasion de son voyage en vos quartiers et ce que je désire de vous. Je vous prie donc de l'assister en la charge que je lui ai donnée, et vous me ferez service très agréable. Sur ce, Dieu vous ait, M. du Pradel, en sa garde.

» Ce 27 septembre, à Grenoble.

» *Signé* HENRI. »

Cette occasion, c'était une immense industrie qu'il s'agissait de fonder et pour laquelle l'assistance d'Olivier de Serres était devenue nécessaire au monarque. Le mûrier, récemment introduit en France, y végétait sans profit, quand Olivier découvrit qu'on en pouvait « tirer grands deniers par l'admirable industrie des vers qui vomissent la soie toute filée, étant nourris de la feuille du meurier. » Toute la consommation de la France en vêtements et ameublements allait enrichir les manufactures étrangères, et Henri IV, en traversant le Dauphiné, découvrit, de son côté, quelle veine féconde et nouvelle on pouvait tirer du climat méridional. Sully trouvait que son prince avait assez d'entreprises sur les bras; il s'opposait à cette tentative, pacifique il est vrai, mais qui devait néanmoins commencer par la guerre au trésor, c'est-à-dire par de larges déboursés. Le roi persista, et c'est ce coup d'œil royal, cette obstination salutaire qui firent dépêcher dans le fond du Vivarais un messager porteur du billet que nous venons de lire.

Olivier de Serres n'avait pas d'ambition, ai-je dit, en parlant de ses premières années; je me suis trompé et je me rétracte. Il avait, j'en suis sûr maintenant, une sérieuse et profonde ambition, et je ne serais pas étonné qu'en reconnaissant la signature d'Henri IV, il eût laissé échapper une larme d'orgueilleux attendrissement. Son cœur s'élança tout d'un coup bien au-delà des limites du Pradel, il dut avoir une de ces nobles émotions de citoyen qui disent:—Mon labeur n'aura pas été stérile, ma science égoïste et jalouse : j'attacherai mon nom à l'une des richesses fondamentales de mon pays. Quittons donc mon domaine chéri, s'il le faut; que l'ajonc dévore mes prairies, et allons labourer et planter à l'autre extrémité de la France, pour le service du roi!

Olivier de Serres ne nous a pas fait confident de ses pensées, mais elles furent assurément celles que je me permets de résumer ainsi, car il partit, il alla porter au roi le secret des plantations de mûriers et de l'éducation des vers. Le prince fut-il moins généreux que l'agriculteur? Non, Messieurs. Olivier abandonnait son domaine; Henri IV offrit le sien et voulut que le premier essai de ce genre prît un caractère national qui le popularisât rapidement; c'est des fenêtres même de son palais qu'il en voulut surveiller les progrès. Voici comment le raconte Olivier lui-même : « Le roi me fit l'honneur de m'employer au recouvrement desdits plants, où j'apportai telle diligence que, au commencement de l'an 1601, il en fut conduit à Paris jusqu'au nombre de 15 à 20,000, lesquels furent plantés en divers lieux dans les jardins des Tuileries, où ils se sont heureusement élevés. Et, pour d'autant plus accélérer et avancer ladite entreprise et faire cognoistre la facilité de ceste manufacture, Sa Majesté fit exprès construire une grande maison au bout de son jardin des Tuileries, à Paris, accommodée de toutes choses nécessaires tant pour la nourriture des vers, que pour les premiers ouvrages de la soye. Voilà le commencement de l'introduction de la soye au cœur de la France. »

Jetez aujourd'hui les yeux, Messieurs, sur Lyon, sur Grenoble, sur toute la Provence, et vous me pardonnerez de m'être arrêté si complaisamment sur ce point (1).

A partir de ce jour, les relations d'Henri IV et d'Olivier de Serres furent continuelles. L'impatience du roi le décida à détacher du corps de son grand ouvrage, un fragment qu'il publia sous ce titre : *La cueillette de la soie par la nourriture des vers qui la font. Échantillon du Théâtre d'agriculture.* Ce *Théâtre d'a-*

(1) Henri IV eut toujours pour les plantations un goût si prononcé, qu'on le trouve constamment mêlé dans sa correspondance aux préoccupations les plus graves de la politique. Nous en citerons pour échantillon cette lettre extraite des Mémoires du duc de la Force, récemment publiés par M. le marquis de la Grange, député du département de la Gironde.

« MONSIEUR DE LA FORCE,

» Je vous dirai des nouvelles de notre siége par cette voie ; les ennemis font état de venir secourir cette place (Lafère) dans le quinzième de ce mois ; ils se promettent d'amener de quinze à seize mille hommes de pied et trois mille chevaux ; moi, je fais état d'envoyer douze mille hommes de pied et quinze cents che-

griculture parut enfin, et, vous l'avez bien prévu, sous les auspices du roi. Dans l'épître dédicatoire, on remarque le passage suivant : « Sire, il est dit en l'Écriture-Sainte que *le roi consiste quand le champ est labouré* (Ecclésiaste, ch. 5. 9), dont s'ensuit que, procurant la culture de la terre, je ferai le service de mon prince, ce que rien tant je ne désyre, afin qu'en abondance de prospérités, Votre Majesté demeure longuement en ce monde. »

« *L'Agriculture* d'Olivier de Serres est fort belle, dit un auteur contemporain, Scaliger; elle est dédiée au roi, lequel, trois ou quatre mois durant, se la faisait apporter après dîner, après qu'on la lui eut présentée. Et si, il la lisait une demi-heure. » Le *Théâtre d'agriculture* arriva en fort peu de temps à une seconde édition qui fut publiée en 1603, et ce succès, rare alors, joint à la faveur du monarque, procura amplement à l'auteur la satisfaction de voir goûter ses préceptes et ses exemples.

Olivier de Serres avait tracé le plan de deux autres

vaux, car c'est assez pour les combattre et les battre, ce que j'espère avec l'aide de Dieu...... Je vous prie de m'envoyer une douzaine de petits arbres de Milicoton (pêchers), et autres de Pavie, de Bearn, et les faire mettre dans une boite de ferblanc, qu'ils soient d'un pied de long et avec de la terre, et me les envoyer par un laquais. Mandez-moi des nouvelles de mes jardins, en quel état ils sont, et des nouvelles des voisins. Croyez que je vous aime et que je vous le témoignerai en ce qui se présentera pour votre contentement.

» HENRY. »

Ce 6 mars (1596), à Saint-Ceny, près Lafère.

ouvrages qu'il laissa inachevés. Le premier était « *Un traité exprès sur les parcs pour chasse en grand.* » Mais ce sujet ne touchant que le plaisir des seigneurs, il le considérait comme le moins urgent et témoignait seulement le regret de n'avoir pu terminer le second, qui était, dit-il, « *le traité de l'architecture rustique, pour donner avis au père de famille à se bien bastir aux champs, selon le vrai art, avec commodité et espargne.* »

Il mourut cependant dans un âge fort avancé, en 1619, après avoir dépassé sa quatre-vingtième année; mais il avait pris la plume fort tard, n'ayant écrit qu'après avoir beaucoup vu, beaucoup pensé et beaucoup pratiqué.

Je devrais maintenant, Messieurs, entrer dans une analyse approfondie de son ouvrage principal, le *Théâtre d'agriculture;* mais, au moment de me livrer à ce travail, je me suis arrêté, présumant que l'auteur entier se trouvait dans les mains de la plupart d'entre vous, et que cette étude, uniquement à mon bénéfice, vous paraîtrait à vous-mêmes complétement superflue. Il y aurait cependant un rapprochement très instructif à tenter : ce serait l'état comparé de la science agronomique telle qu'elle se trouve demontrée dans Olivier de Serres, et telle qu'elle se développe aujourd'hui par vos propres soins sous nos yeux. J'en soumets du moins l'idée à mes collègues, avec l'espoir que, mise en œuvre par de plus habiles que moi, elle amènerait de curieuses et lumineuses recherches.

Toutefois, Messieurs, ce ne serait pas achever l'histoire d'Olivier de Serres que de ne pas vous retracer jusqu'à nos jours le sort du livre auquel il s'était si absolument identifié, et par lequel seulement il gagna son existence historique.

Je vous ai dit, Messieurs, qu'Olivier n'était pas seulement agriculteur, il était savant et écrivain d'un ordre élevé. Ces dernières qualités, celles du style surtout, pouvaient seules assurer la durée de son livre, et elles y brillent d'une façon incontestable. Il n'est pas une connaissance que nécessite la direction, sur une large échelle, des travaux de la campagne, qui ne se produise dans le *Théâtre de l'agriculture*. Appliquant les règles les plus sûres dans l'assolement ou l'irrigation des terres, la canalisation des cours d'eau, la distribution des bâtiments propres aux bestiaux et à l'exploitation, il ne se montre pas seulement mathématicien, ingénieur et architecte consommé, il indique encore, en savant médecin, l'appropriation des plantes aux infirmités humaines. Il consacre de nombreux chapitres au traitement de toutes les maladies, et si ce sont les pages où les progrès modernes l'ont le plus laissé en arrière, on y trouve cependant nombre d'avis précieux, surtout pour les habitants des campagnes reculées, qui doivent s'estimer heureux de recevoir les remèdes des mains même de la nature, et de découvrir une pharmacie presqu'universelle dans l'herbe qu'ils foulent aux pieds.

Quant au style d'Olivier, il n'est personne qui ne

soit frappé de sa conformité avec le style de Montaigne. C'est la même bonhomie, non feinte, et pourtant plus apparente que réelle ; la même philosophie railleuse et le même coloris dans le pinceau ; enfin la même langue, au même état de naïveté, prise à la même distance du siècle des grands modèles et de sa fixation définitive.

Une citation prise au hasard chez l'un et chez l'autre, vous rendra certainement cette ressemblance très sensible. Voici le penseur qui, ayant besoin d'une image, la vient chercher au milieu des champs, et, pour ainsi dire, sur le terrain du Pradel. « Il est advenu aux gents véritablement savants, dit Montaigne, ce qui advient aux espis de blés : ils vont s'eslevant et se haussant la tête droite et fière, tant qu'ils sont vides ; mais quand ils sont pleins et grossis de grains en leur maturité, ils commencent à s'humilier et baisser les cornes. » Voici maintenant, comme par un échange convenu, l'agriculteur qui relève d'un aperçu philosophique les détails les plus techniques de sa profession. Au chapitre de la vigne, Olivier s'interrompt presque dès les premiers mots, et s'écrie tristement : « Ces choses s'accordent à dire que la vigne produit trois grappes : la première de plaisir, la seconde d'ivrognerie, la troisième de tristesse et de pleurs. »

Cette ressemblance des deux écrivains est poussée même jusqu'à la communauté des défauts : l'abus démesuré de l'érudition mythologique. Mais, dans l'un et dans l'autre, au milieu de l'allusion surannée, perce toujours le trait piquant, direct et enjoué. J'ouvre au hasard dans Olivier le chapitre « *De la poulaille aquatique et terrestre en général*, » et je lis : « Les payens avaient en tel honneur le paon, qu'ils le dédiaient anciennement à Junon, leur déesse, laquelle avait son temple en l'île de Samos, abondante en cette espèce de volaille, et me semblent ceux-là être de difficile contentement, ou fâchés d'autre chose qui n'admirent cette espèce d'oiseau. » Ne trouvez-vous pas là les gens moroses et grondeurs, qui ne cherchent qu'un prétexte pour épancher leur bile interne, bien admonestés, en passant, tout-à-fait à la façon de Montaigne.

Le livre d'Olivier de Serres devait donc vivre non-seulement comme un recueil de faits, de procédés, mais comme une suite de tableaux, une vive peinture d'impressions champêtres sincèrement senties, ingénieusement reproduites. C'est ce qui lui arriva effectivement jusqu'à Louis XIV, où nous le voyons s'éclipser tout d'un coup. La septième édition, la dernière qui fut imprimée à Paris, est datée du règne de Louis XIII.

On attribue généralement deux causes à cette indifférence soudaine. D'abord, la sévérité des édits de Louis XIV contre les protestants, qui aurait traité Olivier en calviniste posthume ; mais ce livre ne pouvait faire encourir aucune responsabilité dangereuse aux imprimeurs, s'ils eussent jugé la réimpression lucrative, et ce motif nous paraît dénué de toute espèce de fondement. On en allègue un second qui, sans paraître concluant, serait infiniment plus admissible : c'est qu'on était parvenu à une époque de réaction contre le vieux style gaulois. Les poëtes mêmes du seizième siècle étaient frappés d'une sorte de discrédit, et il faut pardonner ce purisme exagéré à un siècle qui se montrait assez fécond pour se suffire à lui-même ; les grandes voix de ce temps méritaient bien que tout fît silence pour les entendre, et l'injustice commise envers Olivier de Serres, prise à ce point de vue, serait peu surprenante ; toutefois, il me semble qu'à des causes toutes littéraires, on en peut joindre d'autres qui ressortent directement de notre sujet.

Sous Louis XIV, tous les genres de culture, même celle de la terre, visaient à une forme de beau classique, idéal, et Laquintinie ou Lenôtre devaient tout naturellement l'emporter sur Olivier. Louis XIV n'aurait assurément pas voulu déplanter les mûriers installés aux Tuileries par son aïeul Henri IV ; mais il était plus préoccupé de vaincre le sol rebelle de Versailles, d'en faire surgir par force, l'eau, à travers le bronze et le marbre, les arbres, sous le ciseau et l'équerre. Laquintinie, directeur-général des jardins royaux, et qui, lui-même aussi, a laissé des livres recommandables, excellait à tailler les arbres fruitiers et les arbres d'agrément en sevères lignes de pyramides, de quenouilles ou d'arcade. On lui dut une amélioration particulière dans la pépinière française : celle du figuier, dont le fruit, luxe des tables somptueuses, était un objet de prédilection pour le roi. Comparez maintenant les deux cadeaux que Laquintinie et Olivier firent à la France, et vous aurez un emblême tout agricole des deux hommes, des deux princes et des deux époques. On entrevoit, dans ce simple aperçu, que l'imagination se plairait aisément à développer l'habitude d'une certaine splendeur factice qui, passant des petites choses aux grandes, appartient à un autre tribunal que le nôtre en ce moment.

Olivier de Serres fut donc négligé sous Louis XIV, il fut tout-à-fait oublié sous son successeur. L'Encyclopédie du dix-huitième siècle ne prêta que quelques pages éparses de ses innombrables volumes à la science fondamentale de l'agriculture. Sous Voltaire, pas plus que sous Louis XV, l'essor des études sérieusement utiles et consciencieusement populaires, ne pouvait être encouragé, et cette renaissance fut ajournée jusqu'au règne infortuné de Louis XVI. L'abbé Rozier, doté par ce prince de l'abbaye de Nanteuil, se trouvait en possession d'une aisance et d'un loisir suffisant pour composer et publier son cours d'agriculture. Dans cet ouvrage, fort estimé dès son apparition, il rendit hommage à son ancien devancier méconnu, le cita, le remit au jour et en valeur.

Le baron de Secondat, fils de Montesquieu, ne croyait point manquer à son illustre nom en se livrant passionnément à l'agriculture, et avait étudié le *Théâtre* d'Olivier de Serres, jusqu'au point d'en savoir par cœur et d'en réciter à ses amis de fort longs passages, afin de leur faire partager son enthousiasme bordelais. Parmentier, publiant un mémoire *sur les avantages que le Languedoc pouvait retirer de ses grains*, profita de cette occasion pour retracer un tableau fidèle du mérite et des travaux d'Olivier. Quelques écrivains aussi, lui rendant un autre genre d'hommage, le copièrent sans le citer. Le célèbre agronome anglais, Arthur Young, quittait sa patrie pour venir, en disciple pieux, contempler le manoir du Pradel, et rechercher pas à pas les traces vénérées de son ancien professeur. Enfin, en 1790, l'académie de Montpellier offrit un prix considérable à l'auteur du meilleur éloge d'Olivier de Serres. Ce prix fut remporté par M. Dorthès.

Cette date de 90 nous avertit, Messieurs, que nous touchons à une terrible lacune dans l'histoire des paisibles études et des expériences pacifiques. J'ai hâte de franchir avec vous des souvenirs à regret éveillés et de rejoindre les jours où les bases de la société se raffermirent, où les idées d'ordre et de véritable progrès reprirent leur cours, sinon leur empire, et, à côté de Louis XIV et d'Henri IV, je dois vous nommer Bonaparte. Non que j'attache plus que vous aucune pensée politique à ces rapprochements; mais parce que j'y trouve un spectacle rassurant et instructif pour tout ami d'une simple et saine philanthropie. Ce spectacle, est celui de cette science des libéralités de la nature, triomphant des perturbations sociales les plus diverses et les plus violentes; de cette science modeste, attirant, comme la gloire elle-même, le regard des rois ou des conquérants, déjouant les passions, dissipant les préjugés, perçant les nuages, lassant les flots, patiente, sereine, et enfin et toujours victorieuse des victorieux eux-mêmes. Secret providentiel des sciences qui ne procèdent pas de l'ambition humaine, ce doit être assurément aussi le privilége de l'agronomie, et c'est là ce que je me plais à indiquer dans la renommée d'Olivier.

Ce mot, déjà cité dans la dédicace à Henri IV : *Le roi consiste, quand le champ est labouré*, frappa Bonaparte. Le premier consul avait besoin de consistance : c'était au retour de l'Egypte et de l'Italie, la seule chose qui lui manquât. Il avait besoin, non pas que Cincinnatus quittât sa charrue, mais que Brutus voulût bien y retourner. Le travail est un grand moralisateur de l'homme, et, par conséquent, un grand modérateur des prétentions anarchiques. Il fallait que la population, qui ne se rangeait pas sous l'ascendant et la discipline du génie militaire, quittât pourtant les allures turbulentes de la place publique, et c'est là que le travail des champs offre des avantages qui lui sont particuliers. Aucun autre genre d'industrie n'est également ami de l'esprit de propriété, et l'esprit de propriété engendre l'esprit de justice. Mais ces éléments préalables de tout ordre social ne sont rien encore sans un lien religieux, ce que n'ignorait pas l'homme prédestiné qui allait rouvrir les églises. Eh bien! aucune profession n'est chrétienne, dans la plus rigoureuse acception de ce mot, autant que la culture, que l'amélioration naturelle des produits de la terre. Le laboureur n'attend que du ciel le succès de ses travaux; c'est vers le ciel qu'il lève avec espérance ou inquiétude son front baigné de sueurs. Dans les industries mécaniques, l'homme est exploité par l'homme : le génie humain semble quelquefois, par la puissance de ses inventions, maîtriser les éléments, se substituer à Dieu, et, égaré par l'orgueil du succès, il peut oublier son maître ou tourner contre lui le miracle de ses dons. Aussi, la Providence semble-t-elle à dessein placer les plus extrêmes périls dans les plus surprenantes découvertes, afin de mêler subitement la leçon du néant à l'enivrement des jouissances. Dans le travail du laboureur, dans ses plus glorieuses conquêtes, un tel châtiment n'est pas nécessaire, parce qu'une telle ingratitude n'est pas possible. En confiant la semence à la terre, c'est à Dieu qu'il la confie; il le sait, il le sent, il le voit; Dieu lui est indispensable à chaque heure du jour, à chaque jour de l'année; le sommet de l'arbre comme la racine, la fleur comme la moisson, rien ne peut se passer de l'assistance du ciel, et il est incontestable que les populations les plus agricoles de l'Europe sont en même temps les plus chrétiennes.

De telles notions, Messieurs, étaient familières au futur empereur. Un de ces rayonnements de lumière qu'il distribuait largement autour de lui, devait donc infailliblement tomber sur les institutions d'agriculture.

Des sociétés portant ce titre se formèrent de toutes parts, reçurent des encouragements, des faveurs, et, dans ce mouvement général, il trouva un double intérêt à saluer la mémoire d'Olivier de Serres : d'abord, remettre en circulation un des livres les plus capables de le seconder; ensuite, rappeler le pays au culte des souvenirs, au respect des devanciers dans le difficile labeur d'éclairer les peuples : respect sans lequel il devient impossible aussi de les conduire.

La société d'agriculture du département de la Seine prit l'initiative des honneurs rendus à Olivier de Serres. Au mois de septembre 1803, François de Neufchâteau prononça son éloge en séance publique. Il proposait de lui élever un monument sur l'emplacement de la Magnanerie créée jadis par Henri IV, à l'extrémité de la terrasse des Feuillants. Ce vœu fut accueilli par l'assemblée, et la régularité actuelle des Tuileries fut sans doute l'obstacle qui en empêcha l'accomplissement; mais M. Caffarelli, préfet de l'Ardèche, reçut l'ordre de faire ériger une colonne à Villeneuve-de-Berg, patrie d'Olivier.

L'une des faces de ce monument porte un médaillon qui représente la copie fidèle d'un portrait de famille, avec ces mots :

A
Olivier de Serres
du Pradel,
le premier et le plus utile
des écrivains agronomiques
français :
les amis de l'agriculture.

Deuxième face :

L'an premier
du règne de Napoléon,
empereur des Français,
triomphateur et pacificateur.

Troisième face :

Sous le ministère
et par la munificence
de S. E. M. Antoine Chaptal,
ministre de l'intérieur.

La quatrième face conserve les noms du préfet et de l'ingénieur en chef.

Une souscription s'ouvrit ensuite pour subvenir aux frais d'une réimpression intégrale et soigneusement corrigée du *Théâtre d'agriculture*. Cette édition est datée de 1805, et la liste des souscripteurs est curieuse à parcourir aujourd'hui, par la réunion des noms déjà illustres ou illustrés depuis aux titres les plus différents : dernier terrain où l'influence salutaire des goûts laborieux réunissait encore les partis les plus opposés. On y trouve donc, sans aucune qualification, Abrial, Firmin Didot, Lainé, Barante, Cossé, d'Humières, Joseph et Lucien Bonaparte, Lafayette, Villèle, Béthune, Delessert, Frochot, d'Hauterive, Lebrun (consul), Larochefoucault et Pastoret.

Depuis cette époque, ni Olivier de Serres, ni ses doctrines, ni ses exemples, n'ont plus couru le risque de périr. Voici donc le terme de la courte tâche que je m'étais imposée ; je dois vous remercier de nouveau,

Messieurs, de m'avoir permis de l'entreprendre; et, lorsque je rendais à mon tour hommage à l'un des bienfaiteurs de la France, je souhaite vivement que vous ayez reconnu du moins en moi, à défaut d'autre titre, un profond sentiment de sympathie et de dévouement pour les intérêts immuables que représente si dignement Olivier de Serres.

La souscription pour le monument de Parmentier est ouverte :

A ANGERS.

A la Société d'Agriculture, sciences et arts, boulevard des Lices.

Au bureau du *Journal de Maine et Loire*.

Au bureau du *Précurseur de l'Ouest*.

Au bureau de l'*Union de l'Ouest*.

A SAUMUR.

Chez M. Dubosse, libraire.

A BAUGÉ.

Chez M. Colinette, libraire.

A SEGRÉ.

Chez M. le docteur Dujaunais.

AU LION-D'ANGERS.

Chez M. de Chauvigné, membre du conseil général et du comice agricole.

Chez M. le docteur Guéretin, trésorier du comice agricole.

A CHATEAUNEUF.

Chez M. Charles du Boulay, trésorier du comice agricole.

A CANDÉ.

Chez M. Jallot, maire.

A POUANCÉ.

Chez M. le docteur Guérin.

A DOUÉ.

Chez M. Jourdain (Charles Sainte-Foix).

A CHATEAUGONTIER.

Chez M. Jamet, membre du comice agricole.

A CRAON.

Chez M. Bodard de la Jacopière, président du comice agricole.

A MAYENNE.

Chez M. Moreau-Réveillère, au bureau du *Journal de la Mayenne*.

ANGERS. — IMPRIMERIE DE COSNIER ET LACHÈSE.

www.ingramcontent.com/pod-product-compliance
Ingram Content Group UK Ltd.
Pitfield, Milton Keynes, MK11 3LW, UK
UKHW012300240726
13966UKWH00004B/1526

9 782013 045865